NOTICES BIOGRAPHIQUES

SUR

J.-B. HUZARD,

MEMBRE DE L'INSTITUT ROYAL DE FRANCE (ACADÉMIE DES SCIENCES),
DE L'ACADÉMIE ROYALE DE MÉDECINE,
DE LA SOCIÉTÉ ROYALE ET CENTRALE D'AGRICULTURE,

INSPECTEUR GÉNÉRAL HONORAIRE DES ÉCOLES ROYALES VÉTÉRINAIRES,
MEMBRE DU CONSEIL DE SALUBRITÉ,

CHEVALIER DE L'ORDRE ROYAL DE LA LÉGION D'HONNEUR
ET DE CELUI DE SAINT-MICHEL,

MEMBRE DU CONSEIL D'ADMINISTRATION ET L'UN DES FONDATEURS
DE LA SOCIÉTÉ D'ENCOURAGEMENT POUR L'INDUSTRIE NATIONALE,
L'UN DES VICE-PRÉSIDENTS DE LA SOCIÉTÉ
PHILANTHROPIQUE.

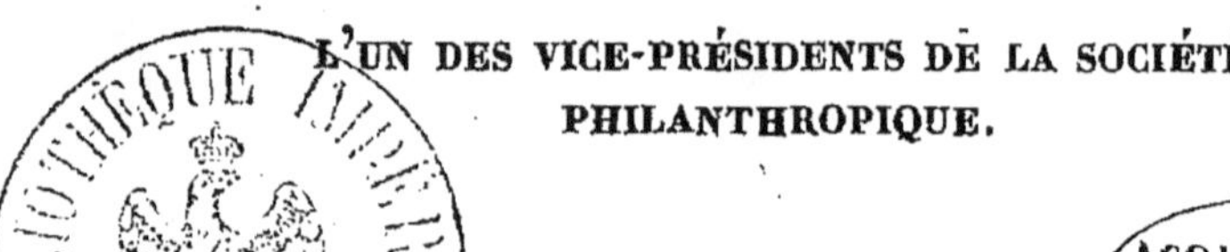

PARIS,

IMPRIMERIE DE Mme Ve HUZARD (NÉE VALLAT LA CHAPELLE),
RUE DE L'ÉPERON, 7.

1839

NOTICE BIOGRAPHIQUE

LUE LE 3 DÉCEMBRE 1838,

AU NOM DE L'ACADÉMIE ROYALE DES SCIENCES ET DE LA SOCIÉTÉ
ROYALE ET CENTRALE D'AGRICULTURE,

LORS DE L'INHUMATION

DE M. HUZARD,

CHEVALIER DES ORDRES DE SAINT-MICHEL ET DE LA LÉGION D'HONNEUR,
MEMBRE DE L'INSTITUT,
DE LA SOCIÉTÉ ROYALE ET CENTRALE D'AGRICULTURE, ETC.

PAR

M. LE Baron DE SILVESTRE,

MEMBRE DE L'INSTITUT, SECRÉTAIRE PERPÉTUEL DE LA SOCIÉTÉ ROYALE ET CENTRALE
D'AGRICULTURE, ETC.

MESSIEURS,

Six jours se sont à peine écoulés depuis que l'honorable confrère qui nous arrache en ce moment des larmes si amères remplissait encore les fonctions que le Gouvernement, ou la juste confiance de ses collègues, lui avait déléguées, et malgré la maladie incurable dont il était atteint depuis longtemps, mais dont il savait surmonter les douleurs pour saisir toutes les occasions qu'il pouvait rencontrer d'être utile à l'humanité, et de contribuer aux progrès de l'agriculture et de l'art vétérinaire, qui avaient été les objets constants de ses études les plus approfondies, et à l'occasion desquels il avait publié des ouvrages de la plus haute portée.

M. Jean-Baptiste HUZARD, que nous voyons en ce moment descendre dans la tombe, était membre de l'Académie royale des sciences de l'Institut, et de celle de médecine; de la Société royale et centrale d'agriculture; l'un des fondateurs de la Société d'encouragement pour l'industrie nationale, vice-président de la Société philanthropique, et associé d'un grand nombre d'autres Sociétés savantes françaises et étrangères : il était inspecteur général honoraire des Écoles royales vétérinaires, membre du Conseil supérieur d'agriculture, de celui de salubrité; enfin il était chevalier de l'ordre de Saint-Michel et de celui de la Légion d'honneur.

M. Huzard était né à Paris, le 3 novembre 1755; appartenant à une famille peu fortunée, il avait pris ses premières instructions aux Petits-Pères, auxquels ses rares dispositions l'avaient spécialement recommandé; il entra ensuite, comme élève vétérinaire, à l'École d'Alfort : il y remporta tous les prix, et il y reçut, quelques années après sa sortie, dans un concours général d'artistes vétérinaires, la médaille d'honneur, qui, à cette époque, était une décoration permanente. Le célèbre Bourgelat était alors directeur de l'École d'Alfort : il apprécia le jeune Huzard, qui n'oublia jamais l'affection éclairée de cet habile maître, auquel il devait plus tard succéder dans l'estime des savants zoologistes et vétérinaires. A sa sortie de l'École, Huzard fut employé par le ministre de la guerre à la suite des armées, pour y diriger dans le choix des chevaux de remonte de la cavalerie : il se signala dans ces fonctions non-seulement par les bonnes dispositions qu'il fit adopter à cet égard, mais encore par l'inébranlable sentiment de délicatesse qui lui faisait refuser toute espèce d'admission que sa conscience ne lui eût pas commandée, bien qu'alors ces condescendances ne fussent que trop communes, et que les vengeances les plus redoutables eussent plus d'une fois atteint ceux qui refusaient de se conformer à la volonté d'hommes qui considéraient avant tout leur intérêt particulier.

La pratique de l'art vétérinaire était toujours l'objet principal des occupations de M. Huzard, et il ne négligeait pas de publier les résultats de ses observations sur les maladies et le traitement des animaux domestiques : ses travaux furent appréciés ainsi qu'ils méritaient de l'être, et il fut chargé de la direction de l'École royale vétérinaire d'Alfort; place dont il avait, pendant plusieurs années, rempli gratuitement les fonctions, dans le seul but de soulager M. Chabert, auquel un âge très-avancé ne permettait plus de les exercer convenablement.

M. Huzard s'était marié en 1792, et ce fut pour lui le commencement d'un bonheur qui ne l'a plus quitté : une femme d'un caractère excellent, dont la tendresse pour lui ne s'est jamais démentie, et dont les soins assidus lui ont été prodigués jusqu'à sa dernière heure; quatre enfants, dont l'aîné a suivi, avec un très-grand succès, la carrière tracée par son père, ont embelli son existence par leur tendresse, par leurs soins assidus, et par la constante union qui existait entre eux. M. Huzard semblait, sous tous les rapports, devoir être parfaitement heureux, adoré de sa famille, dont il était entouré, et estimé universellement par les ouvrages importants qu'il avait publiés.

Parmi ces écrits on a pu remarquer surtout ses *Mémoires sur les maladies qui affectent les vaches laitières;* ses *Recherches sur les moyens de guérir la morve dans les chevaux et de pré-*

venir l'invasion de cette maladie; son *Instruction sur les affections inflammatoires épizootiques;* son ouvrage sur *l'Amélioration des chevaux en France;* ses *Comptes rendus sur l'Établissement rural de Rambouillet;* ses *Instructions sur les maladies des animaux domestiques;* le résultat de ses nombreuses expériences sur le traitement du claveau et son inoculation dans les bêtes à laine; il a aussi pour beaucoup contribué à la rédaction des notes savantes qui ont été ajoutées à la nouvelle édition du *Théâtre d'Agriculture,* d'Olivier de Serres, publié par la Société royale et centrale d'agriculture, en 1806, et aux *Dictionnaires d'agriculture* et *d'histoire naturelle,* ainsi qu'au *Cours complet* et aux *Annales de l'agriculture française.*

Sous le rapport littéraire, M. Huzard peut être considéré aussi comme l'un de nos plus habiles bibliographes : il a publié plusieurs dissertations savantes à cet égard, et il était, vers la fin de sa carrière, parvenu à un but qu'il s'était proposé dès sa plus tendre jeunesse, celui de former une bibliothèque. Cette collection, qui se compose d'environ quarante mille volumes, est aussi remarquable par le choix des livres rares que par celui des éditions et par les compléments qu'il avait su y joindre, en recueillant avec soin tout ce qui avait rapport ou pouvait faire suite aux ouvrages principaux.

Notre confrère n'a pas joui assez longtemps de cette bibliothèque si remarquable, et qui lui avait coûté tant de peine à former; un funeste accident, qu'il avait jadis éprouvé dans l'exercice de la pratique vétérinaire, n'avait pu diminuer son zèle et sa sérénité, mais il avait affaibli ses forces, et lui présentait sans cesse la perspective d'un danger imminent. Un effort très-grand, que dans un de ses voyages il avait fait pour soulever sa voiture, qui était alors profondément embourbée, lui causa une descente d'intestin qu'aucun appareil ne pouvait rétablir dans l'état naturel, et qui lui occasionnait souvent de cruelles douleurs, surtout pendant les voyages qu'il faisait par ordre du Gouvernement, comme inspecteur général des Écoles royales vétérinaires. Mais aucune considération ne pouvait le faire manquer à son devoir; tous les ans, il repartait avec sa douce compagne, qui ne l'avait jamais quitté, et qui aurait donné sa vie pour diminuer une de ses douleurs. Son dernier voyage a porté le mal à son dernier degré. Huzard a voulu néanmoins, à son retour, reprendre ses occupations accoutumées; il assistait encore aux dernières séances de l'Académie royale des sciences, à celles de la

Société royale d'agriculture, de l'Académie de médecine, du Conseil de salubrité, de la Société d'encouragement pour l'industrie nationale, de la Société philanthropique. Au commencement de la semaine dernière seulement, il voulut en vain continuer ces habitudes, qui lui étaient si chères : forcé de se mettre au lit, il y resta tellement absorbé qu'il perdit bientôt connaissance et l'usage de ses sens ; enfin il cessa tout à fait d'exister dans la nuit du 30 novembre.

Huzard est perdu pour nous, messieurs, mais il vivra éternellement dans le cœur de ceux qui l'ont connu, et dans la mémoire de la postérité, qui appréciera ses qualités morales et les excellents ouvrages qu'il a publiés.

NOTICE

SUR

J.-B. HUZARD,

LUE A SES OBSÈQUES, AU NOM DE L'ACADÉMIE ROYALE DE MÉDECINE,

PAR F.-V. MÉRAT.

MESSIEURS,

L'homme qui s'élève des classes les plus modestes à celles qui se distinguent par l'éminence de leur savoir offre de ces exemples qui, bien que fréquents chez nous, n'en sont pas moins utiles à constater, ne fût-ce que pour encourager ceux qui se trouvent dans une position analogue.

JEAN-BAPTISTE HUZARD naquit à Paris, le 3 novembre 1755, d'un père simple maréchal ferrant. Maréchal lui-même, pendant dix-huit ans, nous le retrouvons, dans sa quarantième année, membre de l'Académie des sciences, placé à la tête de la médecine vétérinaire française, et, plus tard, honoré de toutes les distinctions que lui méritait sa profonde instruction, et que résuma la place d'inspecteur général des Écoles vétérinaires du royaume, fonction qu'il remplit pendant trente-deux ans, et qu'il exerçait encore dans sa quatre-vingt-troisième année avec toute la plénitude de ses moyens.

Une métamorphose aussi grande fut produite par d'immenses travaux. Huzard, élève à l'École d'Alfort à treize ans, y répétait les leçons de Bourgelat à seize : il y professait, comme adjoint de Cadet de Vaux, à dix-huit.

A dix-neuf ans, il revint prendre la direction de l'établissement paternel, où il exerça jusqu'en 1792.

A cette époque de notre première révolution, l'organisation des nombreuses armées réclama les talents qui résultaient, chez notre confrère, de l'application de l'étude à la pratique; il fut employé par le Gouvernement à l'examen des chevaux propres aux armées; successivement il remplit des fonctions plus importantes encore, toutes relatives à l'art vétérinaire, à l'hygiène des animaux, aux maladies qui les attaquent, etc. Il s'occupa surtout des vaches laitières nourries dans les étables étroites de la capitale, et qu'il reconnut devenir phthisiques pour la plupart, donnant alors un lait vicié, nuisible à la santé.

On lui fut aussi redevable de la plupart des mesures de police propres à assurer le bon état des viandes destinées à la nourriture des habitants de Paris ; il faisait justement autorité sur ces matières, et les magistrats s'empressaient de traduire en ordonnances les conseils qu'il donnait pour éclairer le public et combattre la fraude des marchands.

C'est aussi à compter de cette époque qu'il commença les nombreuses publications qui l'ont mis au nombre des savants, sur la médecine vétérinaire, l'hygiène et la salubrité publiques. Leur énumération complète sera faite ailleurs : les principales sont : *Instruction sur l'amélioration des chevaux en France* (dont il a été tiré jusqu'à soixante mille exemplaires) ; *Compte rendu sur les améliorations qui se font dans l'établissemeut de Rambouillet; Instructions et observations sur les maladies des animaux domestiques,* ouvrage auquel il a coopéré et dont il paru six volumes ; *Observations sur la morve,* d'autres *sur le claveau,* etc., etc. Il a édité, avec des notes, la *Matière médicale de Bourgelat,* le *Théâtre d'Agriculture* d'Olivier de Serres, et donné nombre d'articles dans le *Nouveau dictionnaire d'histoire naturelle,* le *Nouveau cours complet d'agriculture,* les *Mémoires de la*

Société royale et centrale d'agriculture, ceux de la *Société royale de médecine*, dans les *Bulletins de la Société d'encouragement*, ceux de la *Société de la Faculté de médecine de Paris*, les *Annales de l'agriculture française*, etc., etc.

Huzard a appartenu à l'Institut, à sa formation en 1795; à la Société royale de médecine (dont il était le dernier membre vivant); à l'Académie royale de médecine; à la Société de médecine de Paris; à la Société royale et centrale d'agriculture; à celle d'encouragement pour l'industrie nationale; à la Société philanthropique; au Conseil de salubrité, etc., etc. Il ne manquait volontairement à aucune des séances de ces compagnies; on le vit avec attendrissement assister, et même faire un rapport, à l'avant-dernière séance de l'Académie des sciences, qui ne précéda sa mort que de quelques jours. Nous avons pu tous remarquer son exactitude à l'Académie royale de médecine, qui le comptait, avec orgueil, au nombre de ses vétérans.

Notre vénérable collègue a été membre de la Légion d'honneur et de l'ordre de Saint-Michel.

Tant de titres, tant d'honneurs, étaient justifiés par ses utiles travaux, par les importants services rendus à la médecine vétérinaire, qu'il éleva dans l'opinion publique au rang des sciences, et dont les praticiens les plus distingués furent désormais admis dans les Sociétés savantes. Il eut, avant de mourir, le bonheur de voir adopter une pensée de toute sa vie, l'introduction de l'enseignement de l'agriculture dans les Écoles vétérinaires, de même qu'il eut aussi l'avantage de voir convertir en loi ses opinions sur la jurisprudence vétérinaire, détestable jusque-là.

Notre confrère n'était pas moins remarquable par sa vaste érudition que comme praticien : il a réuni, avec une peine infinie et des soins de cinquante années, la plus immense bibliothèque que l'on connaisse (quarante mille volumes), sur les différentes branches de la science qui fit l'occupation de toute sa vie; il a enrichi plusieurs des ouvrages qui la composent de notes, de tables, de suppléments, manuscrits; parfois même il a fait imprimer à un seul exemplaire ces différentes additions, ce que sa position en imprimerie et en librairie ne pouvait guère permettre qu'à lui. Ce monument, car ce nom appartient à un tel recueil, mériterait de figurer dans la principale de nos Écoles vétérinaires.

Huzard était d'une constitution robuste; sauf quelques infirmités nées de la vieillesse ou d'ac-cidents, sa santé a été, en général, fort bonne, et il s'est éteint sans souffrance le 30 novembre dernier, dans la quatre-vingt-quatrième année de son âge, en conservant toute la rectitude de son jugement, qui a toujours été remarquable; d'un caractère ferme, d'une aptitude admirable au travail, il a mené une vie occupée et conséquemment heureuse jusqu'à la fin de sa longue et honorable carrière.

Il laisse plusieurs enfants, dont l'aîné seul a suivi la même direction que son père. Déjà distingué comme écrivain, lui ayant succédé dans la plupart de ses fonctions publiques, il promet de conserver dans tout son lustre ce nom cher à la science vétérinaire, et qui vivra jusque dans la postérité.

APRÈS LES NOTICES BIOGRAPHIQUES

de MM. le baron de Silvestre et Mérat,

SUR J.-B. HUZARD,

LUES A SES OBSÈQUES, AU NOM DE L'ACADÉMIE DES SCIENCES ET DE CELLE DE MÉDECINE,

M. RENAULT,

DIRECTEUR DE L'ÉCOLE ROYALE VÉTÉRINAIRE D'ALFORT,

S'ÉTANT APPROCHÉ DE LA TOMBE, PRONONÇA AVEC ÉMOTION ET DIGNITÉ
L'IMPROVISATION SUIVANTE :

Nota. La rentrée des élèves ayant nécessité, ce jour-là, la présence de M. Renault à Alfort, il n'eut que le temps d'accourir au lieu de la sépulture, pour jeter, tant en son nom qu'en celui de l'École, quelques fleurs sur cette tombe, au moment où elle allait se fermer à jamais !

MESSIEURS,

L'homme sur qui cette tombe va bientôt se refermer pour toujours appartenait aux Écoles vétérinaires, non pas seulement par les hautes fonctions dont il fut chargé, il leur appartenait aussi par les travaux de sa vie tout entière. La science utile qu'on enseigne dans ces établissements, et aux progrès de laquelle il a consacré la partie la plus active de son existence, lui doit d'avoir puissamment contribué, après Lafosse et Bourgelat, à la sortir de l'obscurité qui avait été si longtemps son partage. Les vétérinaires n'oublieront jamais que le premier, le seul jusqu'à présent, il a marqué leur place dans les plus illustres sociétés savantes dont la France se glorifie.

Permettez donc, messieurs, que moi, vétérinaire, élève de l'une des Écoles à la tête desquelles il a marché pendant tant d'années, au nom de celle d'Alfort, dont il fit autrefois partie et dont je m'honore d'être membre, je vienne, à mon tour, exprimer nos communs regrets sur sa tombe, et rendre à sa dépouille mortelle un dernier hommage avant de lui dire un dernier adieu.

Un homme vénérable, son collègue à l'Académie royale des sciences et à la Société centrale d'agriculture, organe de ces deux illustres assemblées dans cette douloureuse circonstance, vient de vous dire, avec le noble et touchant langage de l'amitié, les qualités de son cœur, les charmes de son intimité, la profonde douleur de sa famille. Après lui, un savant distingué, interprète de l'Académie royale de médecine dans cette funèbre enceinte, en vous rappelant une grande partie de ses travaux, vous a dit la place honorable qu'il occupait dans le souvenir de ses collègues de cette académie.

Et cependant on n'a pas dit encore tous les titres qu'avait celui que nous regrettons ici, à l'estime de ses concitoyens, à la reconnaissance de son pays.

Oui, messieurs, il fut digne de tous nos respects celui qui, de simple ouvrier maréchal qu'il était, sans autre appui que son travail, sans autre recommandation que son mérite, avait su s'élever aux plus éminentes fonctions dans les Écoles vétérinaires! Il peut être donné en exemple à tout le monde, l'humble artisan qui fut appelé à faire partie de l'Institut de France! Il était une exception assez rare à l'époque vaniteuse dans laquelle nous vivons, celui qui, loin de rougir de sa modeste origine, aimait, au contraire, à la rappeler à tous et dans toutes les occasions comme un de ses plus chers souvenirs.

On vient de vous parler, messieurs, de tous les ouvrages que notre science devait à M. Huzard; mais on ne vous a pas dit que ces ouvrages, bien qu'écrits pour la plupart à une époque déjà bien éloignée de la nôtre, sont aujourd'hui et seront longtemps encore, sans doute, consultés avec fruit par tous les vétérinaires, soit qu'ils aient été insérés dans l'Encylopédie méthodique, dont il fut un des collaborateurs; soit qu'ils aient fait partie des instructions vétérinaires, ce premier et remarquable essai de travail en commun des vétérinaires, que M. Huzard exécuta de concert avec Chabert et Flandrin ; soit enfin qu'ils aient paru dans des traités plus ou moins complets d'agriculture ; car tous ses écrits, simples et clairs, ont été marqués du cachet toujours durable d'une saine et judicieuse observation.

On ne vous a rien dit non plus, ce me semble, de deux grandes pensées dont M. Huzard a poursuivi la réalisation avec une remarquable persévérance pendant tout le cours de sa laborieuse carrière, et qu'il eut le bonheur de voir s'accomplir avant de la terminer.

Je veux parler d'abord de la réforme si importante, si nécessaire, des absurdes et scandaleux usages qui, il y a un an à peine, régissaient encore la garantie des vices rédhibitoires dans le commerce des animaux domestiques ; législation déplorable, contre laquelle il a lutté presque seul pendant si longtemps, à laquelle il a suscité de si nombreux adversaires, et qu'il a directement contribué à faire remplacer par une loi dont la promulgation, dans le cours de l'année dernière, a été accueillie avec une véritable satisfaction par l'agriculture, le commerce et les tribunaux de notre pays.

Je veux parler ensuite de la pensée qui le préoccupa toute sa vie, qui perçait dans toutes ses paroles, qui se décelait dans tous ses écrits, qui fut l'une des plus invariables tendances de son action administrative, et qui consistait à placer et à maintenir toujours au point de vue de l'agriculture les études vétérinaires. Il voulait que l'agriculture fût enseignée dans les Écoles vétérinaires ; et, quoique l'essai tenté une première fois de 1813 à 1825 n'eût pas été heureux, parce qu'il fut fait d'une manière trop absolue, il persista à croire que la science vétérinaire et l'agriculture ne pouvaient s'isoler sans nuire à leurs progrès communs, à leur commun intérêt.

Le gouvernement actuel l'a pensé comme lui, messieurs ; et, avant de mourir, M. Huzard a vu instituer, dans chacune de nos Écoles vétérinaires, une chaire d'hygiène appliquée à l'agriculture : création utile, en effet, dont l'heureuse influence sur l'agriculture n'est douteuse aujourd'hui pour personne, et dont l'avenir, nous l'espérons, se chargera de développer toute l'importance.

Puisse la conscience des services que ses travaux ont rendus à la science et à son pays avoir adouci les regrets de ses derniers moments ! Les amis éclairés de notre agriculture ne les oublieront jamais !